de la A a la Z
Argentina

Cecilia Pisos
Ilustrado por Claudia Legnazzi

Porque me duele si me quedo
pero me muero si me voy,
por todo y a pesar de todo,
mi amor,
yo quiero vivir en vos.

Serenata para la tierra de uno
María Elena Walsh

de la A a la Z

Argentina

Cecilia Pisos
Ilustrado por Claudia Legnazzi

everest

A DE ACONCAGUA

Cierta vez una niña allá, en Mendoza,
a quien todos llamaron pretenciosa,
prometió al Aconcagua
subir un vaso de agua.
Como cumplió, se hizo muy famosa.

El cerro Aconcagua, cuyo nombre significa
«centinela blanco», es una montaña ubicada
en la provincia de Mendoza , al centro-oeste
de la Argentina, en la cordillera de los Andes.
Es la montaña más alta (6 962 m) del mundo,
a excepción de las cumbres del Himalaya.

B DE BORGES

Tejió toda Buenos Aires
de ajedreces, laberintos,
guapos y gauchos sin tiempo,
rosas eternas de Milton.

Bibliotecario Babel,
por su memoria y sus dedos,
libros de arena rodaron
en dorados, graves versos.

Y en una esquina rosada
de un arrabal ya marchito,
encontró el punto preciso
para entrar al infinito.

Jorge Luis Borges (1899-1986) es uno de los más destacados escritores argentinos. Publicó ensayos, cuentos y poemas. Fue director de la Biblioteca Nacional estando ya ciego y recibió premios en todo el mundo por su obra. Uno de sus cuentos más famosos es «El Aleph».

C DE CIELITO

Cielito, cielito lindo
de los tiempos de Belgrano,
que imaginó la bandera,
celeste y nube, un verano.

Cielito, cielo sin nube,
solo azuldorada piel,
con aires de libertad
en los ojos de Manuel.

El «cielito» o «cielo» es un estilo musical nacido en Argentina. Fue la danza y el canto propio de la Independencia. Apareció en Buenos Aires en 1810 (año de la Revolución de Mayo), y luego, el Ejército del Norte, al mando de Manuel Belgrano, el creador de la Bandera, lo llevó a Bolivia (entonces Alto Perú).

D DE DULCE DE LECHE

Aquel que a Argentina viaje
no podrá más que probar
un manjar que es bien sencillo
y en todas partes está:

en alfajores y flanes,
bombones y caramelos,
tortas, tostadas, helados
y también en bizcochuelos.

(Y si en Argentina hubiera
casa de Hansel y Gretel,
todo estaría pegado
allí con dulce de leche.)

La primera vez que se hizo el dulce de leche fue en 1829, cuando el caudillo Juan Manuel de Rosas y su enemigo político y primo, Juan Lavalle, iban a firmar una tregua. Mientras hervía leche con azúcar para el mate, la criada de Rosas encontró a Lavalle durmiendo en el catre de su patrón y fue a avisar a los guardias. Al regresar por la leche, se encontró con una sustancia espesa, el dulce de leche.

E DE EMPANADA

A la hora de la empanada
cada provincia rellena
de manera diferente
su disco de luna llena.
En Buenos Aires, con carne;
en Córdoba, pasas de uva;
en Catamarca y La Rioja,
de papa, cabra, aceituna.
En Corrientes y en Misiones,
de mandioca, el amasado,
y los rellenos de peces,
surubí, pacú y dorado.

En Mendoza y en San Juan
son sabrosas por la pella;
de Jujuy, Salta y Santiago,
vienen cargadas de arvejas.
En el Sur son de cordero,
en La Pampa, con morrón;
en Tucumán, carne en trozos
con comino y pimentón.
Una vez puesto el relleno,
la luna llena se eclipsa;
después del repulgue, el horno,
y a disfrutarlas sin prisa.

La empanada es un alimento compuesto por una masa semicircular con diferentes rellenos. En Argentina, se hace con harina de trigo y grasa vacuna, y su relleno varía de provincia en provincia.

F DE FÚTBOL

En el patio de la escuela,
o en lo alto de la tribuna,
este cantito resuena
de la Antártida a la Puna.

Sea Maradona o Messi,
el fútbol aquí es pasión,
que se juega con los pies
y canta en el corazón:

Vamos, vamos, Argentina,
vamos, vamos a ganar,
que esta barra bullanguera
no te deja, no te deja de alentar.

El fútbol es el deporte nacional: dondequiera que se encuentren dos niños y una pelota, comienza el partido. El equipo nacional ganó las copas mundiales de los años 1978 y 1986.

G DE GAUCHO

El gaucho va por la pampa
de los pies a la cabeza,
vestido como te digo.
Atención, así empieza:
botas de tiento, bombachas,
chiripá, cinto y facón,
poncho, pañuelo, chambergo
y otra vez va la lección.
De la cabeza a los pies,
la vestimenta del gaucho
te la digo como es:
chambergo, pañuelo, poncho,
facón, cinto y chiripá,
bombachas, botas de tiento
y su sombra, al caminar.

El gaucho argentino, experto jinete y arreador de ganado, fue un habitante libre y seminómada de diversas regiones del país. Participó en las guerras por la independencia y en las guerras civiles, y terminó, más tarde, empleado por los estancieros como peón de campo.

H DE HORNERO

A la hora de la cría,
el hornero hace su nido,
apisonado de barro
con perlas de azulrocío.

Cantan hornera y hornero
con un trino y doble pico
para acunar en la noche
al pichón recienvenido.

Cuando ya vuela, se van:
en un poste de alambrado
queda un horno en miniatura
que parece abandonado.

(Pero allí el viento cocina
guiso de estrella y espina.)

El hornero, que recibe este nombre porque construye su nido con forma de horno de barro, es el ave nacional. Este nido llega a pesar casi 5 kilos y es usado solo una vez. Después otras aves suelen utilizarlo.

I DE INMIGRANTES

Tomaron barcos de cáscara,
desafiaron bravo mar;
venían con la esperanza,
mano adelante y atrás.

Ladrillo a espiga pusieron
sobre la ciudad y el campo.
De aquellos pocos venimos,
ahora que somos tantos.

A ese esfuerzo le debemos,
nuestro esfuerzo en homenaje,
bisabuelas, bisabuelos,
puras ganas y coraje.

Argentina, como Canadá o Estados Unidos, es un país que se pobló gracias a los inmigrantes, en su mayoría europeos y, en particular, españoles e italianos.

J DE JUJUY

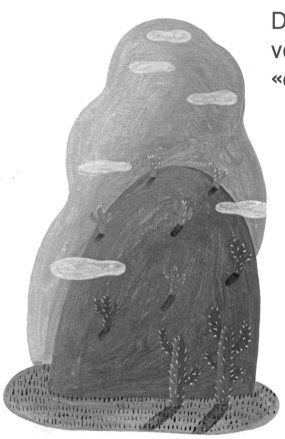

Del sonido de las cajas
va saliendo el Carnaval
«quebradeño, mi cholitay».
...

Plantas y nubes en celo,
selva colgando del aire,
yunga jujeña en el cielo.
...

Territorios de la Luna
parece que recorremos
en un paseo a la Puna.
...

Como salida de un cuento,
San Salvador se despierta
de su siesta de milenios.

Jujuy es una provincia del noroeste argentino. Presenta relieve montañoso y cuatro regiones diferentes: la cordillera oriental, donde se encuentra la Quebrada de Humahuaca; la yunga, o selva en altura; la Puna, con desiertos fríos y salinas, y los valles, en uno de los que se encuentra su capital, la ciudad de San Salvador.

K DE KOLLA

Busca, busca entre los yuyos,
bajo la delgada lluvia,
un kolla busca a un coyuyo.
El coyuyo llora y llora,
llueve bajito en los yuyos.
El kolla, con su pinkullo,
canta triste el canto suyo,
y el canto se le confunde
con el llanto del coyuyo.

Busca el kolla, yuyo a yuyo,
y, al final, sube a su llama
y se aleja entre la lluvia,
con su canto y su pinkullo.
El coyuyo ya no calla;
chilla y chilla entre los yuyos.
Ya no llueve, ya no kolla;
ya no lluvia ni pinkullo:
en los pastos solo queda
brillo 'e llanto de coyuyo.

Los kollas o collas son indígenas que habitan el noroeste argentino (Jujuy y Salta) y norte de Chile. Sus instrumentos musicales y sus ritmos típicos, como el carnavalito, han ingresado en la música folklórica de Argentina. Para entender este poema, hay que saber que el pinkullo es un instrumento de viento hecho con una caña perforada, y el coyuyo, una clase de grillo.

L de LAGOS del SUR

Una leyenda mapuche
de cuando empezaba todo,
cuenta que el Sol y la Luna
allá lejos, ya eran novios.
Que el Sol a la Luna seguía
por todo el arco celeste,
sin importar si quemaba,
desde el este hacia el oeste.
Pero un día el Sol miró
y enamoró a una doncella;
para tenerla más cerca,
la transformó en una estrella.
La Luna, así despechada,
amargo llanto lloró,
y sobre Mapu, la Tierra,
lagos de pena dejó.

Todos los lagos argentinos se hallan en la Patagonia. El
paisaje se completa con montañas imponentes y mágicos
bosques milenarios, poblados de mitos y leyendas de
los mapuches, habitantes originarios de esta región.

M DE MATE

Mate, mate, mate amigo,
mate amigo y compañero,
te tomo en la soledad;
te tomo con los que quiero.

Cuando en Argentina suena
la hora de los amigos,
todos preparan el mate
con cedrón, yerba y cariño.

En el medio de la ronda,
el mate pasa de mano,
van y vienen las palabras,
los amigos son hermanos.

Con las hojas secadas y molidas de la yerba mate, planta originaria, se prepara una infusión caliente, el «mate». El mate se bebe con un sorbete, la «bombilla», colocada en el recipiente que contiene la yerba molida, también denominado «mate».

N DE NEUQUÉN

Neuquén, provincia altiva,
En voz de río nombrada,
Un lago, el Tromen, incluye
Que, en siesta de agua dormida,
Un volcán gemelo espeja:
Es el Lanín con sus nieves.
¡Neuquén, provincia refleja!

Neuquén es una provincia patagónica, llamada así por el río Neuquén. «Neuquén» es voz araucana que significa «audaz, arrogante» y resulta una palabra palíndroma: puede leerse de izquierda a derecha, y al revés.

Ñ DE ÑANDÚ

¡Aña memby, aña memby,
sapucay y piquillín!
De una araña cuelga un ñire,
y un ñandú de un ñandutí.
Pero esto es muy pesado
y al revés hay que decir:
del ñire cuelga la araña
que tejió ese ñandutí.
¿Y el ñandú? No, ahí no estaba;
lo lamento, te mentí.

Para reírse con este poema «al revés», hay que saber que: el ñandú es un ave corredora parecida al avestruz que habita en el centro y este de Argentina; el *ñire,* un árbol autóctono; el *piquillín,* un arbusto de flores amarillas y el *ñandutí,* una tela artesanal, tejida en círculos como las telarañas. El *sapucay* es un grito de alegría y la frase *aña memby,* una exclamación que quiere decir «hijo del diablo» en guaraní, la lengua de los indígenas de la región.

O DE OMBÚ

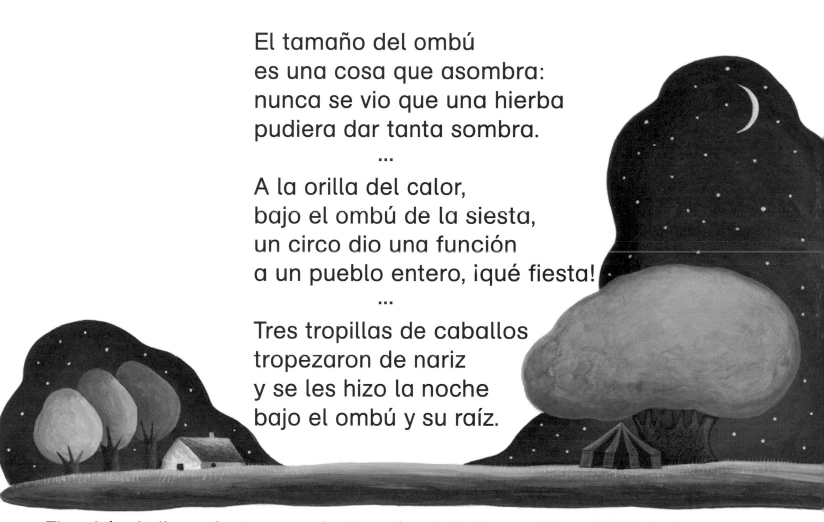

El tamaño del ombú
es una cosa que asombra:
nunca se vio que una hierba
pudiera dar tanta sombra.

...

A la orilla del calor,
bajo el ombú de la siesta,
un circo dio una función
a un pueblo entero, ¡qué fiesta!

...

Tres tropillas de caballos
tropezaron de nariz
y se les hizo la noche
bajo el ombú y su raíz.

El ombú o bellasombra es una planta nativa de la Pampa argentina y uruguaya. Pese a su tronco grueso y su gran porte (alcanza una altura de 10 a 15 m, con una amplia copa y grandes raíces) se discute si es un árbol o una hierba gigante.

P DE PARANÁ

Por el río Paraná
venía navegando un piojo
con un hachazo en el ojo
y una flor en el ojal.

Por el río Paraná,
flotando iba una jangada.
«¿Cómo acostaron al bosque?»,
un carpincho preguntaba.

Por el río Paraná,
arriba de un camalote,
navegaba un pueblo entero,
con su plaza y con su torre.

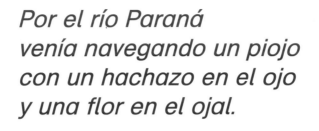

Por el río Paraná
venía navegando un piojo;
un perro venía con él,
lo tenía entre ojo y ojo.
(Y, ojo, amigos, que el que digo,
era el perro de ese piojo.)

El río Paraná o «pariente del mar», en guaraní, es un río que nace en Brasil, y forma parte de la cuenca del Plata. La primera copla de estas páginas la recitan los jugadores de truco, el juego de baraja más popular en Argentina, cuando «cantan flor» o anuncian que tienen tres cartas del mismo palo. La *jangada* es una embarcación de troncos atados. Los *camalotes* son plantas acuáticas del Paraná que muchas veces arrastran animales. El *carpincho* es el roedor de mayor tamaño del mundo.

Q DE QUINQUELA MARTÍN

Si en su estudio te detienes
al lado de una ventana,
no sabrás cuál es pintura
y cuál, pintada mañana.

Pintando, pintó de todo:
escuelas, obreros, barcos;
pintó el barrio de La Boca,
en sus cuadras y en sus cuadros.

Colores de Caminito,
recuerdan por lo brillantes,
su paleta generosa
de pinceladas vibrantes.

Benito Quinquela Martín (1890-1977) es uno de los pintores más populares del país. Sus escenas del puerto muestran cómo era la vida en el barrio de La Boca, junto al Riachuelo. Caminito es una calle de casas típicas de La Boca, que Quinquela propuso pintar de todos los colores.

R DE RÍO DE LA PLATA

Ancho como el ancho mar,
cuando Solís navegó,
Mar Dulce lo dio en llamar,
cuando sus aguas probó.

Ahora es Río de la Plata,
porque es río de Argentina,
y en su puerto, Buenos Aires,
ciudad de Santa María.

Aquí empezó todo,
el poeta lo dijo,
estas son sus palabras:
*«Y fue por este río de sueñera y de barro,
que las proas vinieron a fundarme la patria».*

El Río de la Plata es conocido como el río más ancho del mundo. Fue descubierto por Juan Díaz de Solís, buscando un paso para llegar a Oriente. El rey de España dispuso que allí se crearan colonias y en 1536, Pedro de Mendoza fundó, la ciudad de Santa María de los Buenos Aires, como Borges lo recuerda en sus versos.

S DE SEIBO

Según cuenta la leyenda
que es del pueblo guaraní,
hace tiempo una princesa
que se llamaba Anahí,
cantaba con voz muy dulce,
más dulce que el aguaí.
Un día la capturaron,
la princesa se escapó,
y a orillas del Paraná,
dicen que a un guardia mató.
Fuego con fuego se paga,
y pronto Anahí ardió
pero desde sus cenizas
con flores rojas cantó.

Al amanecer, un árbol
era la dulce princesa,
florecido de rubí,
en eterna primavera.

El seibo o ceibo es un árbol pequeño (de 5 a 8 m), cuya flor roja, parecida a la cresta de un gallo, puede apreciarse entre octubre y abril. Por su presencia en la mayor parte del territorio y en muchas leyendas y canciones, fue declarada flor nacional argentina.

T DE TANGO

Se baila en un dos por cuatro,
tiene cortes y quebradas;
chambergo y pañuelo al cuello,
y pollera colorada.

...

Es un canto que nació
en «mi Buenos Aires querido,
cuando yo te vuelva a ver,
no habrá más penas ni olvido».

...

Gardel lo cantaba a veces,
vestido de payador,
o con gomina y *jaquet*
en medio de Nueva York.

El tango es un género musical y una danza de pareja nacida en Buenos Aires. Los cortes y quebradas son parte de la coreografía de los bailarines. Las letras suelen expresar nostalgia.

U DE USHUAIA

Algunos, «el fin del mundo»
la llaman a nuestra Ushuaia,
ciudad de Tierra del Fuego,
bahía de Lapataia.

Destino de aventureros
y barcos de exploradores,
en el *Beagle* vino Darwin
a visitar patagones.

Último punto con gente
en la punta del país,
justo donde dobla el viento
y cae del mapa el cuis.

La ciudad de Ushuaia, «la más austral del mundo», es la capital de la provincia de Tierra del Fuego, Antártida e Islas del Atlántico Sur. Patagones es el nombre que se les daba, en general, a los indígenas del sur del país. El cuis es un roedor pequeño típico del sur de América del Sur.

V DE VENADO DE LAS PAMPAS

Piel dorada, cuernos suaves,
cuatro patas, manchas blancas,
es Bambi en los pastizales,
el venado de las pampas.

El venado de las Pampas es un ciervo mediano, propio de las llanuras templadas de Sudamérica. A causa de su caza masiva en el siglo XIX y de la ocupación de su hábitat por el ganado bovino, hoy vive solo en áreas aisladas, siendo el ciervo en mayor peligro de extinción de América.

W DE MARÍA ELENA WALSH

La reina Batata
salta en una pata.

Don Fresquete
vuela en barrilete.

El Gatopato
monta en su zapato.

El príncipe Kinoto
aparece en moto.

El osito Osías
se acerca en tranvía.

Y Manuelita,
con su valijita,

la Plapla y Dailán,
todos juntos van

al Bosque de Gulubú
donde el brujito bru

tiene a María Elena,
hechizada eterna,
jugando a la nena.

María Elena Walsh (1930–2011) fue una escritora argentina, música y cantautora, especialmente famosa por sus obras para niños. Los que aparecen en este poema son algunos de sus más queridos personajes de cuentos y canciones.

X DE XUL SOLAR

En cuadros como tableros,
pintó países en ángulo,
ajedreces y escaleras,
con habitantes de triángulo.
Pintó casas que levantan
vuelo frente a nuestros ojos;
con letras de la panlingua
hizo hablar al negro, al rojo.
Signos, formas y colores
cruzó el mago Xul Solar
para asombro de los ojos
que lo quisieran mirar.

Xul Solar (1887-1963) fue un pintor
argentino, experto en astrología, filosofía
y religiones orientales. Inventó también la
panlingua, que reflejaba todas las lenguas
de la Tierra, y el juego del *pan-ajedrez.*

Y DE ANIMALES DE LA YE

Yurumí y yacaré,
yarará, yaguareté:
animales de la ye.

El oso hormiguero, el coco,
la víbora y la pantera,
suficiente, ya te alcanzan,
para una selva entera.

Yurumí y yacaré,
yarará, yaguareté:
animales de la ye.

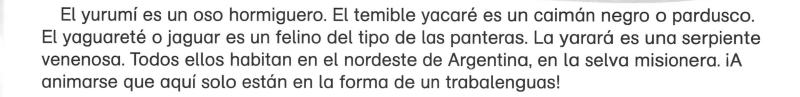

El yurumí es un oso hormiguero. El temible yacaré es un caimán negro o pardusco. El yaguareté o jaguar es un felino del tipo de las panteras. La yarará es una serpiente venenosa. Todos ellos habitan en el nordeste de Argentina, en la selva misionera. ¡A animarse que aquí solo están en la forma de un trabalenguas!

Z DE ZAMBA

Esta zamba, que es con z,
se desliza en la guitarra
como se cuela en el tiempo
el canto de la cigarra.

Zapateo y zarandeo,
¡adentro!, pausa en la zamba,
para cruzar los pañuelos
y el amor que no se alcanza.

Compases de pena triste,
de recuerdo y añoranza,
nunca canta solo el que
se sabe letra de zamba.

Zamba de mi esperanza,
amanecida como un querer,
sueño, sueño del alma,
que a veces muere sin florecer…

La zamba es un género musical bailable
originado en Argentina. Ha sido propuesta como
danza nacional. Se baila en pareja, con ondular
de pañuelos, que los bailarines toman con
ambas manos. La última estrofa es la de
la zamba más popular en Argentina,
la *Zamba de mi esperanza.*